대화법 코칭 옥효진

부산교육대학교 초등교육과를 졸업하고 13년째 초등학교 선생님으로 아이들과 함께 공부하고 있습니다. 아이들에게 필요한 교육을 실천하기 위해 경제, 금융, 민주시민교육 등 다양한 분야의 교육 활동을 수업에 적용하고 있습니다. 다양한 수업 활동들로 2022 교보교육대상 미래교육콘텐츠 부문 대상을 수상하였습니다. 지은 책으로는 《세금 내는 아이들》 《법 만드는 아이들》 《세금 내는 아이들의 생생 경제 교실 1, 2》 《혼공 도사 나대로》 등이 있습니다.

글 고희정

이화여자대학교에서 과학교육을 전공하고 석사 학위를 받았습니다. 중·고등학교와 대학교에서 과학을 가르쳤고, 방송작가로 일하며 EBS 〈딩동댕 유치원〉 〈방귀대장 뿡뿡이〉 〈생방송 톡톡 보니하니〉 〈뽀뽀뽀〉 〈꼬마요리사〉 〈부모〉 〈라이브토크 부모〉 〈다큐프라임 자본주의〉 〈인문학 특강〉 등의 프로그램을 썼습니다. 지은 책으로는 《어린이 과학 형사대 CSI》 《어린이 사회 형사대 CSI》 《토토 수학 놀이터》 《신통하고 묘한 고양이 탐정》 《의사 어벤저스》 《혼공 도사 나대로》 등이 있습니다.

그림 류수형

어린이들의 상상력을 키워 주고 재미있게 읽을 수 있는 만화를 선물하기 위해 열심히 작업 중입니다. 펴낸 책으로는 《빈대 가족의 가난 탈출기》를 비롯한 《빈대 가족》 시리즈와 《빈대 가족의 아프리카 따라잡기》를 비롯한 《빈대 가족의 따라잡기》 시리즈, 《말랑말랑 브레인 패밀리 1, 2》 《위기탈출 넘버원》 《인싸가족 VS 인싸스쿨》 《냥 작가의 맞춤법 상담소》 《혼공 도사 나대로》 《슈뻘맨의 숨은 과학 찾기》 등이 있습니다.

호야님의 신기 문구점

① 청산유수 대화술

대화법 코칭 옥효진 | 글 고희정 | 그림 류수형

주니어김영사

남 앞에서 말하기가 두려운 어린이들에게

　말하기는 다른 동물은 하지 못하는 인간만이 할 수 있는 의사소통 방법이에요. 우리는 하루에도 수십 번 수백 번 말을 하면서 살아가고 있지요. 이렇게 일상적인 말하기를 선생님도 여러분처럼 초등학생일 때, 남들 앞에서 말하는 게 왜 그렇게 무서웠는지 모르겠어요. 다른 사람들 앞에서 말을 해야 하는 상황이면 어떤 말을 해야 할지 떠오르지도 않고 긴장이 되어 머릿속이 하얘졌거든요. 아마 어린 시절의 선생님과 같은 친구들이 많을 거라는 생각이 들어요. 학교에서 선생님이 발표를 시킬까 봐 조마조마한 친구들도 있을 거예요. 하지만 말하기가 무서운 친구들도 말하기를 잘하고 싶어 한다는 것을 알고 있어요. 왜냐면 선생님도 그랬거든요. 잘하고 싶지만 무섭고 떨리는 것, 말하기란 녀석은 참 심술궂은 것 같아요.

선생님은 이제 어린 시절과 달리 사람들 앞에서도 떨지 않고 자신 있게 말할 수 있게 됐어요. 다른 사람과 말하는 것, 다른 사람 앞에서 말하는 것 모두 기술이 필요하다는 것을 알게 되었거든요. 지금 다른 사람 앞에서 말하는 것이 힘들다고 걱정할 필요 없어요. 차근차근 하나씩 말하기 기술을 배워 가면 여러분도 다른 사람 앞에서 자신 있게 말할 수 있을 거예요. 이 책을 통해 여러분도 말하기 기술을 하나씩 배워 가고 꾸준히 연습한다면 반 친구들 앞에서 발표하는 것, 수십 수백 명 앞에서 말하는 것도 떨지 않을 거라 믿어요. 혹시 누가 아나요? 지금 이 책을 읽고 있는 여러분 중 누군가가 UN 회의에서 대한민국을 대표해 연설을 하게 될지 말이에요. 이 책을 통해 여러분이 말하는 것이 더 이상 두렵지 않기를, 말하는 것이 즐거워지기를, 말하기를 통해 나의 생각을 다른 사람에게 잘 전달할 수 있기를 바랄게요.

옥효진 선생님

차 례

말하기가 두려운 어린이들에게 ····· 4

1장 ★ 말이 너무 많아! ·················· 11
말하기 비법 ❶ 인사하기 ················ 32

2장 ★ 청산유수 대화술 ·················· 35
말하기 비법 ❷ 잘 듣는 것이 중요하다 ············ 58

3장 ★ 내 말만 하지 않고 잘 듣기 ········· 61
말하기 비법 ❸ 대화하고 싶은 사람이 되기 ········ 82

4장 ★ 마음이 보이는 요술 돋보기 ········ 85
말하기 비법 ④ 나 메시지 ························· 104

5장 ★ 어려운 고백 ····························· 107
말하기 비법 ⑤ 메라비언의 법칙 ·················· 126

6장 ★ 말 잘하는 주동희 ······················· 129
말하기 비법 ⑥ 단어는 말하기의 무기 ············· 150

에필로그 ····· 153

등장인물

주동희

말이 많은데 쓸데 있는 말은 하나도 없어서 별명이 '주둥이'이다. 아이들에게 인기도 얻고 싶고 말도 잘하고 싶은 마음이 크다.

백호 (호야 님)

범우산에 살던 999살 백호이다. 천신의 명을 수행하기 위해 인간의 모습을 하고 신기리에 내려왔다. 그러다 우연히 아이들이 눈물을 잘 흘린다는 사실을 발견하고, 얼떨결에 신기 문구점 가게 주인이 된다.

인기훈

생긴 것도 멀끔하고 공부도 꽤 잘해 인기가 많아 별명도 '인기남'이다. 서울에서 전학 와 아이들의 관심을 한몸에 받고 있으며, 다른 사람의 마음과 생각을 신경 쓰면서 찬찬하고 간결하게 말도 잘한다.

허진수
주동희와 같은 반 단짝. 축구를 계기로 주동희와 관계가 크게 틀어진다.

이영훈
말 많은 주동희를 피하다가 달라진 주동희와 깊은 대화를 나누며 친해진다.

강현아
주동희네 반의 반장이자 주동희가 몰래 좋아하고 있는 친구.

고미래
소심한 성격에 목소리가 작고 대답도 느려 별명이 '고구마'인 주동희네 반 친구.

이민아
인기훈을 좋아해 인기훈이 하는 말과 행동을 무조건 지지하는 인기훈의 짝꿍.

김은희
주동희가 하는 행동에 예민하게 반응하는 주동희의 짝꿍.

★1장★

말이 너무 많아!

주동희는 누가 대답하나 보려고 아이들을 둘러봤다. 그런데 관심이 있어 보이는 아이가 없었다. 허진수도 답을 모르는 듯 어깨를 으쓱했다. 주동희가 피식 웃는 시늉을 하며 말했다.

"풋! 사과, 풋사과잖아. 하하하."

그러고는 과장된 몸짓으로 웃음을 터뜨렸다. 아이들이 이해가 된다는 듯 고개를 끄덕이며 말했다.

"풋사과…"

그러나 크게 재미있어 하는 표정은 아니었다. 하지만 여기서 물러날 주동희가 아니다.

"그럼… 모래가 우는 소리는?"

이번에도 역시 조용하다. 주동희는 한 번 더 문제를 냈다.

　재미있어 죽겠다는 표정의 주동희와 달리, 정답을 맞힌 이영훈은 별 반응이 없었다. 어째 문제를 낸 사람만 신이 나고, 듣는 사람이나 답을 맞힌 사람은 영 재미가 없는 분위기다. 아이들이 계속 관심을 보이지 않자, 주동희는 머쓱해졌다. 물론 그렇다고 입을 다물 주동희가 아니다. 주동희는 얼른 다른 화제를 찾았다. 옆에 있던 아이들은 요즘 즐겨 보는 유튜브 콘텐츠에 대해 이야기하고 있었다. 주동희는 잽싸게 자신이 본 유튜브 콘텐츠 이야기를 꺼냈다.

　"너희 '불타는 혓바닥' 봤어? 엄청 매운 음식만 먹는 방송인데, 보고만 있어도 진짜 매워. 혓바닥에서 불이 날 지경이라니까. 그런데 정말 잘 먹더라! 진짜 웃겨. 하하하."

　주동희가 재미있다는 듯 크게 웃었지만, 아이들은 여전히 주동희가 달갑지 않은 눈치였다.

결국 이민아가 짜증이 난 표정으로 면박을 주었다.

'주둥이'는 주동희의 별명이다. 말은 많은데, 쓸데 있는 말은 하나도 없다는 뜻으로 아이들이 붙여 준 것이다.

"그래, 왜 갑자기 우리 이야기에 끼어들어서 그래. 재미도 없는데."

다른 친구까지 합세해 핀잔을 주자, 주동희는 할 수 없이 입을 다물었다. 이민아가 얼른 인기훈을 보며 말했다.

"기훈아, 너 하던 얘기 계속해."

그러자 인기훈이 주동희의 눈치를 살피며 말했다.

"그, 그래. 내가 보는 건 '나만 봐'라는 유튜브 채널인데, 공부하는 방법을 가르쳐 주는 콘텐츠야. 서울 아이들한테 아주 인기 있는 채널이지."

인기훈은 서울에 살다가 지난해 신기 초등학교로 전학을 왔다. 그래서 서울에 대해 잘 알고, 또 서울 아이들 사이에 유행하는 것에 대해서도 잘 안다.

"공부 콘텐츠를 본다고? 헐. 난 슬라임 채널이나 개그 채널만 보는데."

이민아가 눈을 동그랗게 뜨며 말했다. 강원도 산골 신기리에 살고 있는 신기 초등학교 아이들에게 인기훈의 서울 이야기는 꽤 흥미 있는 이야기다. 게다가 생긴 것도 멀끔하고 공부도 꽤 잘하니 인기훈은 4학년 1반에서, 아니, 신기 초등학교 4학년 중에서 가장 인기 있는 아이다. 신기 초등학교에는 한 학년에 한 반밖에 없으니 말이다. 그래서 인기훈은 별명도 '인기남'이다. 이민아의 반응에 인기훈은 얼른 말했다.

16

인기훈은 자신이 한 말이 서울에서 왔다고 잘난 척하는 말로 들릴까 봐 서울 아이들도 슬라임과 개그 채널을 좋아한다고 말했다. 이렇게 인기훈은 말을 할 때도 늘 다른 사람의 마음과 생각을 신경 쓴다. 또 주동희처럼 주저리주저리 떠들지 않고, 찬찬하고 간결하게 이야기한다. 그러니 인기가 있을 수밖에.

인기훈에게 고맙다는 인사까지 하는 아이들. 게다가 인기훈이 말하는 내내 눈을 반짝이며 귀를 기울이는 아이들을 보니, 주동희는 서운한 마음이 들었다.

 '인기훈이 말만 하면 난리네. 내가 말하면 들은 체 만 체 하면서…'

 주동희는 인기훈이 부러웠다. 주동희도 아이들에게 인기 있는 아이가 되고 싶기 때문이다. 그래서 난센스 퀴즈도 내고, 개그맨 흉내도 내고, 또 아이들이 말하는데 자꾸 끼어들어 말을 하는 것인데, 어째 별 효과가 없는 것 같다. 아니, '주둥이'라는 별명까지 얻었으니, 오히려 역효과인 것 같기도 하다.

그런데 점심시간이었다. 주동희가 화장실 안에서 볼일을 보고 있는데, 같은 반 이영훈의 목소리가 들렸다.
"이따 버스 정류장에서 만나는 거 알지?"
"응. 그런데 동희가 눈치채면 어떡하지?"
허진수의 목소리였다.

아이들이 게임을 하러 가는데, 주동희만 빼고 가기로 한 것이다. 버스 정류장에서 만나자는 것으로 보니, 읍내 피시방에 가는 것이 분명하다. 사실 주동희는 아까 허진수에게 방과 후에 자신의 집에 가서 게임을 하자고 했었다.

그런데 엄마 때문이 아니라, 다른 아이들과 게임을 하러 가기로 한 것이었단 말인가. 주동희는 서운하고 속상했다. 당장이라도 뛰쳐나가 내가 말을 하면 얼마나 많이 했느냐고, 말 좀 많이 했기로서니 나만 안 데려갈 수 있느냐고, 또 나 때문에 게임을 망친 게 아니라 너희들이 게임을 못 하는 거라고 따지고 싶었다. 하지만 차마 나설 용기가 없었다. 오히려 듣고 있다는 것을 들킬까 봐 숨을 죽였다.

"그렇긴 하지. 알았어. 이따 버스 정류장에서 만나."

허진수가 대답하자, 이영훈은 신이 난 목소리로 말했다.

"오예!"

그러고는 둘이 문을 닫고 나가는 소리가 들렸다. 주동희는 그제야 참았던 숨을 내쉬었다.

"휴!"

주동희는 특히 허진수에게 서운했다. 허진수를 자신의 절친한 친구라고 생각하고 있기 때문이다. 하지만 주동희는 교실에 돌아가서도 알은체를 할 수 없었다. 말은 많이 하지만, 정작 자신의 마음이나 생각은 어떻게 표현하고 말해야 할지 잘 모르기 때문이다.

종례가 끝나고 모두 가방을 싸고 있는데, 주동희는 일부러 천천히 가방을 쌌다. 자신을 따돌리고 아이들끼리 몰려가는 모습을 보고 싶지 않았기 때문이다.

주동희는 아무렇지도 않은 척 손을 흔들었다. 하지만 뒤도 안 돌아보고 사라져 버리는 허진수를 보며 중얼거렸다.
'나쁜 녀석.'
주동희는 속상해 눈물이 찔끔 났다.

'왜 따지지를 못하냐고!'
집으로 돌아가는 길, 주동희는 불쑥 화가 치밀었다. 말은 그렇게 많이 하면서도 정작 필요한 말, 해야 할 말은 하지 못하는 자신이 바보같이 느껴졌기 때문이다. 그런데 마침 땅에 떨어진 깡통 하나가 눈에 띄었다. 주동희는 깡통을 발로 힘껏 찼다.

날카로운 비명 소리가 들렸다. 깜짝 놀라서 보니, 눈이 번쩍! 한 여자가 매서운 눈빛으로 주동희를 째려보고 있는 것이 아닌가. 주동희가 찬 깡통에 머리를 맞은 것이다. 주동희는 깜짝 놀라며 재빨리 달려갔다.

"헉! 죄송해요. 거기 계신 줄 모르고…"

순순히 인정하는 주동희가 웃겼는지, 여자는 미소를 띠며 말했다.

"솔직한 건 좋네."

그런데 그 순간, 주동희는 문득 이상하다는 생각이 들었다. 여자가 서 있는 곳이 바로 '신기 문구점' 앞이었기 때문이다. 게다가 문까지 활짝 열려 있는 것이 아닌가. 신기 문구점은 신기리에 딱 하나 있는 문구점이었다. 하지만 읍내에 큰 아파트 단지가 들어서면서 많은 사람들이 이사를 나가고 아이들이 줄어들자, 결국 3년 전에 문을 닫고 말았다.

'어? 문구점 문이 열려 있네?'

주동희가 뜬금없이 물었다.

주동희의 눈이 동그래졌다. 젊은 누나가 문구점을? 도화지 같이 하얀 얼굴에 검고 짙은 눈썹, 반짝이는 눈빛, 그리고 시선을 사로잡는 호랑이 무늬의 옷까지. 문구점 주인하고는 왠지 어울리지 않는 모습이었기 때문이다.

"아이들도 이 소식을 들으면 좋아할 거예요."

정말 말이 많긴 많다. 시작을 하면 끝이 없으니 말이다. 문구점 주인은 그런 주동희의 얼굴을 빤히 보고 있더니 물었다.

"유자차 한잔 마시고 갈래?"

주동희가 썩 마음에 든 눈치였다. 주동희는 얼른 대답했다.

"네! 저 유자차 엄청 좋아해요. 저희 엄마는 유자차를 직접 담그시거든요. 그런데 많이 먹으면 살찐다고…."

주동희의 말이 또 길어지자, 주인은 먼저 들어가며 말했다.

"그럼 어서 들어와."

"아, 네. 감사합니다."

주동희에게 의자를 내어 주고 문구점 주인은 안채로 들어갔다. 주동희는 의자에 앉아 문구점 안을 둘러보았다. 3년 전 모습과 똑같았는데, 여기저기 먼지가 쌓여 있었다. 주동희는 옛 추억이 떠올랐다. 시도 때도 없이 들러 장난감도 사고, 캐릭터 카드도 사고, 학교 준비물도 사고 했던 곳이었기 때문이다. 주동희가 추억에 잠겨 있는데, 주인이 나와서 컵을 건넸다.

"뜨거우니까 조심해."

"네, 잘 마실게요."

주동희는 유자차를 후후 불며 마셨다. 향긋한 유자 향이 코끝을 찌르고, 따뜻하고 달콤한 맛이 입 안에 가득 퍼졌다.

문구점 주인은 기억하려는 듯 주동희의 이름을 되뇌었다. 그러자 주동희가 앉은 의자 뒤 벽면의 거울에 갑자기 주동희의 모습이 나타나는 것이었다. 난센스 퀴즈를 내고, 여기저기 끼어들어 말을 걸고, 또 친구들끼리 게임을 하러 가는 걸 알고 속상해하는 순간까지, 마치 한 편의 영화처럼 펼쳐지는 것이 아닌가.

정말 보통 사람이 아닌가 보다. 주동희가 말이 많은 것도 금방 알고, 솔직한 것도 바로 알더니, 왜 화가 났는지까지 맞히니 말이다. 그렇다면! 주동희가 눈이 동그래져 물었다.

"혹시… 점쟁이세요?"

문구점 주인의 말에 주동희는 속상했던 마음이 조금은 위로가 됐다. 주동희는 고개를 끄덕이며 대답한 뒤에 물었다.

"네…. 그런데 저 여기 자주 와도 돼요?"

문구점 주인과 친해지고 싶은 마음이 들었기 때문이다.

"물론이지. 언제든지 환영이야."

주인이 흔쾌히 허락하자, 주동희가 신이 나 물었다.

"그럼 뭐라고 부를까요? 이름, 아니, 성함이 어떻게 되세요?"

주동희의 질문에 주인은 잠시 당황하는가 싶더니 대답했다.

"나는… 백호야."

"백호야? 오, 좀 특이한 이름이시네요. 아, 그렇다고 이상하다는 건 아니고요. 헤헤. 그럼 이제부터 호야 님이라고 부를게요. 괜찮죠?"

주동희의 제안에 주인은 만족스러운 표정으로 대답했다.

호야 님?
그래, 좋네, 호야 님.

인사하기

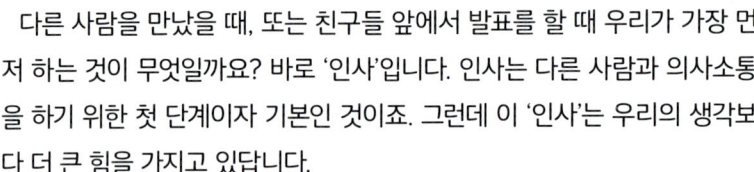

다른 사람을 만났을 때, 또는 친구들 앞에서 발표를 할 때 우리가 가장 먼저 하는 것이 무엇일까요? 바로 '인사'입니다. 인사는 다른 사람과 의사소통을 하기 위한 첫 단계이자 기본인 것이죠. 그런데 이 '인사'는 우리의 생각보다 더 큰 힘을 가지고 있답니다.

엘리베이터 앞에서 모르는 사람이 물건을 떨어뜨렸을 때 사람들의 반응을 살펴보는 한 실험이 있었어요. 인사를 하지 않은 상태에서 물건을 떨어뜨렸을 때에는 열두 명 중 세 명만 떨어진 물건을 주워 줬어요. 그런데 눈을 마주치고 '안녕하세요'라는 인사를 했을 경우에는 열두 명 중 아홉 명이 떨어진 물건을 주워 줬다고 해요. 딱 한 번의 인사가 가지는 힘을 보여 주는 실험이었죠.

★ 오늘 하루 나에게 인사한 사람들을 떠올려 볼까요?

누가	언제	어디에서	어떤 인사를 했나요?

★ 우리 반에서 인사를 잘하는 친구는 어떤 표정으로 어떻게 인사를 하는지 살펴봅시다.

내가 생각하는 인사 잘하는 친구
인사할 때 어떤 말을 했나요?
인사할 때 표정은 어땠나요?
인사할 때 목소리의 높낮이는 어땠나요?

★ 인사할 때의 표정 연습하기

인사를 어떻게 해야 할지 모르겠나요? 아니면 먼저 인사하기가 망설여지나요? 지금은 인사하는 게 익숙지 않더라도 연습을 통해 인사에 익숙해질 수 있어요. 매일매일 거울을 보며 연습해 보는 거죠.

거울을 보며 연습하는 이유는 인사를 할 때 여러분의 표정이 매우 중요하기 때문이에요. 표정은 우리 얼굴에 있는 수많은 근육이 만들어 내요. 운동을 하기 전에 팔다리 근육을 스트레칭 하는 것처럼 여러분 얼굴의 근육들도 인사를 위한 스트레칭이 필요해요. 매일 아침저녁 거울을 보며 여러분이 미소를 지을 때 필요한 근육을 잘 풀어 주세요. 매일매일 조금씩 자연스러워지는 여러분의 표정을 확인할 수 있을 거예요.

따라해 봐!

얼굴 근육 푸는 방법
❶ 얼굴을 잔뜩 찌푸리기 10회
❷ 볼에 바람 넣었다 빼기 10회
❸ 입을 크게 벌리기 10회
❹ 손가락으로 입꼬리 올리며 웃기 10회
❺ 미소를 지으며 '안녕하세요' 하고 말하기 10회

아침저녁으로 연습하고 다 했으면 표에 체크해 보세요.

	1일차	2일차	3일차	4일차	5일차	6일차	7일차
아침							
저녁							

★ 2장 ★

청산유수
대화술

잠시 후, 집으로 돌아가는 주동희를 보며 호야 님은 쾌재를 불렀다.

"야호! 역시 내 판단이 맞았어."

그러더니 문을 닫고는 신이 나서 춤을 추기 시작하는 것이었다.

"오예!"

팔을 흔들고 엉덩이를 씰룩거리며 춤을 추는데, 이게 뭔가! 엉덩이에서 쑤욱 하고 기다란 꼬리가 나오는 것이 아닌가. 하얀색에 검은색 줄무늬가 선명한 꼬리다. 또 거울 앞에 서더니 열 손가락의 손톱을 세우는데, 손톱이 뾰족하게 길어진다. 그리고 잡아먹는 시늉을 하며 소리를 내니,

호랑이 소리다. 호야 님의 정체는 바로 백호, 신기리 뒤쪽에 있는 범우산에서 무려 999년을 산 하얀 호랑이다. 예로부터 500년 이상을 산 동물은 둔갑술뿐 아니라, 각종 요술을 부릴 수 있다. 그러니까 호야 님은 999년을 산 백호가 인간 여자로 둔갑한 것이다. 호야 님은 주동희를 생각하며 웃음을 터뜨렸다.

주동희가 이름을 물어보자, 호야 님은 크게 당황했다. 호랑이는 그저 호랑이일 뿐, 이름이 없기 때문이다. 그래서 잠시 망설이다가 자신이 백호임을 밝히기로 했는데, 그걸 주동희가 이름으로 알아듣고 '호야 님'이라 부르겠다고 한 것이다.

"성격도 딱 마음에 들어. 순진하고, 눈물도 많고. 말이 좀 많은 게 흠이지만 말이야."

호야 님은 주동희의 말과 행동을 보고 주동희가 순진하고 따뜻한 심성을 가진 아이라는 것을 간파했다. 그러나 무엇보다 마음에 든 이유는 친구들이 자신을 따돌리고 놀러 갔다고 눈물을 흘린 것이었다. 많이는 아니고, 찔끔 흘렸지만 말이다.

"천신님의 명을 수행할 첫 번째 인간을 찾은 거야."

호야 님이 인간으로 둔갑한 데에는 특별한 이유가 있다. 동물들이 1000년을 살면 산신이 될 수 있는 자격을 얻는다. 호야 님도 올해 999살이니 내년이면 1000살이 되어 산신이 될 자격이 생기게 되는데, 마침 범우산의 산신 자리가 공석이 됐다.

백호는 예전에 인간 세상에 내려갔을 때, 인간들이 우는 모습을 본 적이 있다. 그런데 모두 슬퍼서 흘리는 눈물이었다. 백호의 질문에 천신은 대답했다.

"인간은 기쁠 때도 눈물을 흘린단다. 그러니 가서 내 명을 수행하라!"

"네, 천신님."

백호가 대답하자, 천신은 눈 깜짝할 사이에 사라져 버렸다. 그러니까 백호가 인간으로 둔갑해 인간 세상에 내려온 것은 천신의 명을 수행하기 위해서다.

'진짜 많이 변했네.'

 백호는 인간 세상의 바뀐 모습에 눈이 휘둥그레졌다. 인간 세상에 마지막으로 내려온 때가 거의 100년 전, 일제 강점기 때였다. 우리나라를 침략한 일본인들이 그나마 남아 있던 몇 안 되는 호랑이를 잡겠다고 '호랑이 정벌군'까지 조직해 절멸시키려 들었기 때문이다. 백호는 목숨을 부지하기 위해 인간은 절대 들어올 수 없는 범우산의 깊은 골짜기로 숨어들었고, 그렇게 100년의 시간을 보낸 것이었다.
 '할 수 있을까?'

자신이 범우산에 지내는 시간 동안 세상이 변했으니, 인간도 변하지 않았겠는가. 인간들의 생활이, 또 마음이 어떻게 변했는지 알 수 없으니 천신의 명을 잘 수행할 수 있을지 걱정이 되었다. 게다가 기쁨의 눈물이라니…. 백호는 고심 끝에 일단 인간들의 모습을 살펴보기로 했다.

그런데 그때였다.

"으앙, 으앙."

어디선가 아이 우는 소리가 들렸다. 소리의 근원지를 찾으니, 예닐곱 살 먹은 아이가 길가에 앉아 울며불며 생떼를 부리고 있었다.

백호는 예전에 인간 세상에 내려왔을 때의 일이 생각났다. 그때도 아이들은 시도 때도 없이 울어 젖혔다. 그 순간 백호는 좋은 생각이 났다.

"맞다! 아이들은 눈물이 많지? 아이들을 공략해야겠다."

결국 엄마는 아이를 데리고 상점으로 들어갔고, 잠시 후 아이는 손에 뭔가를 들고는 활짝 웃으며 나타났다. 아이가 말한 아이스크림일 것이다.

"역시 아이들이란…"

금방 울었다, 금방 웃었다, 감정의 기복이 정말 심한 존재다. 그러니 기쁨의 눈물도 잘 흘리지 않을까? 백호는 결심했다.

상점을 하면 아이들이 많이 올 것이고, 그럼 아이들을 잘 구슬려서 기쁨의 눈물을 흘리게 할 수 있지 않을까? 백호는 곧바로 상점으로 들어갔다. 그러고는 상점 주인에게 불쑥 말했다.

"이 상점, 저한테 파세요."

갑작스러운 말에 주인 할아버지는 황당하다는 반응을 보였다.

"나, 요 옆에서 부동산 중개하는 사람인데, 문구점 한번 해 볼래요? 거기도 아이들이 많이 오는 곳인데."

결국 이 과정을 계기로 문구점을 하게 된 것이다. 3년 전에 폐업한 신기 문구점을….

한편, 다음 날 주동희는 어제 있었던 일을 신이 나서 아이들에게 말했다.

아까는 그렇게 반가워하며 궁금해하더니, 어떻게 이렇게 순식간에 변할 수가 있단 말인가. 주동희는 당황해 손을 내저으며 말했다.

"아니야, 진짜야. 내가 어제 두 눈으로 똑똑히 봤다니까."

하지만 인기훈은 다시 또 의문을 제기했다.

"그런데 왜 문이 안 열려 있지?"

"아직 준비가 안 돼서 그런 거지. 문구점 열려면 청소도 하고, 물건도 들여오고 해야 하잖아. 그러니까 곧 열 거야. 분명해."

주동희가 황급히 주장했지만, 아이들은 더 이상 주동희의 말을 믿으려 하지 않았다.

'왜 내 말은 안 믿어 주는 거야?'

인기훈의 말은 철석같이 믿으면서 말이다. 주동희는 아이들에게 인기훈의 말만 믿고, 왜 내 말은 안 믿어 주느냐고 따지고 싶었다. 그리고 자신의 말에 찬물을 확 끼얹은 인기훈이 얄미웠다. 하지만 입을 앙 다물고 주먹만 꽉 쥘 뿐, 한마디도 할 수 없었다. 그리고 어제 이영훈이 했던 말이 다시 떠올랐다.

말이 많아서 믿지 못하는 것일까? 하지만 이제껏 거짓말을 한 적은 한 번도 없었다. 그저 아이들을 웃기고 싶어서, 친해지고 싶어서 우스갯소리를 했을 뿐이었다. 주동희는 눈물이 찔끔 나는 것을 꾹 참았다. 여기서 울면 더 바보가 될 테니 말이다.

방과 후, 주동희는 신기 문구점으로 달려갔다. 그런데 이게 어떻게 된 일인가. 인기훈의 말대로 문이 굳게 닫혀 있는 것이 아닌가. 3년 전 폐점한 이후로 줄곧 닫혀 있는 모습 그대로….

'어떻게 된 거지?'

주동희는 두 눈을 비비고 다시 봤다. 하지만 이전과 달라진 점은 하나도 없었다.

'헛것을 본 거야?'

그렇다면 호야 님은 누구란 말인가. 호야 님이 준 유자차의 달콤함이 아직도 입 안에 남아 있는데 말이다. 주동희는 문을 두드리며 호야 님을 불렀다.

'귀신에 씌었나?'

그렇지 않고서야 어떻게 이런 일이 있을 수 있단 말인가.

주동희는 실망했다.

'결국 거짓말쟁이가 되고 말았네.'

주동희는 얼른 대답했다. 자신이 본 것이 틀리지 않았다는 사실, 거짓말이 아니었다는 것을 증명할 방법이 생겼으니 어찌 기쁘지 않겠는가. 호야 님이 유자차를 내오자, 주동희는 컵을 받으며 다시 물었다.

"문구점 여는 거 확실하죠?"

"당연하지. 아니면 내가 여기 왜 있겠어."

"그러네요. 하하하."

호야 님은 주동희 뒤에 걸린 거울로 주동희가 속상해 눈물을 찔끔 흘리는 모습, 또 속상한 마음을 한마디도 표현 못 하고 꾹 참는 모습, 그래서 수업 시간 내내 우울해 있던 모습, 수업이 끝나자마자 문구점으로 뛰어온 모습들을 보았다.

주동희는 자신을 거짓말쟁이로 몰았던 아이들이 깜짝 놀랄 모습을 생각하니 벌써부터 기분이 좋았다. 그런데 호야 님이 대뜸 질문을 던졌다.

"그런데 아이들은 왜 네 말을 믿지 못할까?"

그러면서 주동희는 깜짝 놀랐다. 호야 님이 자신의 마음을 속속들이 알고 있기 때문이었다. 사실 주동희는 말을 많이 하다 보니, 자신이 어떤 말을 했는지 잊어버릴 때도 많다. 그래서 난센스 퀴즈도 했던 걸 또 하는 때도 많았던 것. 그러니 말실수를 했는지, 안 했는지 알 수가 없었다.

"그래? 그럼 한번 해 보지 뭐."

호야 님이 허락하자, 주동희는 벌떡 일어나 인사했다.

"감사합니다, 정말 감사합니다."

호야 님이 진정하라고 손짓하며 설명을 시작했다.

"청산유수 대화술의 첫 번째 미션은 '내 말만 하지 않고 잘 듣기'야. 상대방의 말은 듣지 않고 내 말만 하면 그건 진짜 대화가 아니지. 그러니까 말을 잘하려면 일단 잘 들어야 해. 이제부터 말하고 싶어도 꾹 참고 듣기만 해."

"말하고 싶어도 꾹 참고 듣기만 해라. 알았어요. 그렇게 할게요."

잘 듣는 것이 중요하다

  우리는 하루 동안에 많은 사람들과 대화를 해요. 가족들, 친구들, 선생님과도 다양한 대화를 하죠. 그런데 여러분이 대화라고 생각했던 것이 정말 대화였을까요? 대화라는 단어의 뜻을 사전에서 찾아보면 이렇게 나와 있어요.

> **대화**(對話)
> 마주 대하여 이야기를 <u>주고받음.</u>

  사전에도 나와 있듯이 대화는 이야기를 주고받는 것을 뜻해요. 두 사람이 10분 동안 이야기를 나누었는데, 한 사람이 10분 내내 이야기를 하고 한 사람은 10분 내내 듣기만 했다면 대화를 했다고 하기는 어려워요. 말하기와 듣기가 함께 이루어져야 진정한 대화라고 할 수 있는 거죠. 혹시 내가 친구와 이야기를 할 때 말하기만 하고 있지는 않은지 아니면 듣기만 하고 있지는 않은지 잘 생각해 봐야 해요.

★ 잘 듣는 방법

사람들은 내 이야기를 잘 들어 주는 사람과 대화할 때 더 많은 이야기를 하고 싶어져요. 그렇다면 대화를 할 때 상대방의 이야기를 잘 듣는 방법을 알고 있어야겠죠? 아래의 내용들을 기억해 두면 도움이 될 거예요.

상대방의 눈을 쳐다보며 대화하기

대화하는 사람의 눈을 바라보는 것만으로도 사람들은 내 이야기를 잘 들이 주고 있다고 느껴요. 내가 말하는데 다른 곳을 쳐다보거나 휴대 전화만 보고 있다면 내 말을 무시하는 것 같은 느낌이 들겠죠?

▷ 상대방의 눈을 쳐다보는 게 어려운 친구들은 상대방의 눈과 눈 사이(미간)나 이마 쪽을 쳐다보면 부담을 줄일 수 있어요.

맞장구쳐 주기

상대방의 말을 들으며 아무런 반응도 하지 않는다면 마치 벽을 보고 이야기하는 기분이 들 수도 있어요. '그랬구나', '정말?', '대박이다'와 같이 맞장구치는 말을 해 주는 것이 좋아요.

▷ 맞장구는 말로만 할 수 있는 것은 아니에요. 고개를 끄덕이거나 표정을 통해서도 할 수 있죠. 상황에 맞게 기분 좋은 표정, 화나는 표정, 슬픈 표정을 짓는 것만으로도 맞장구를 쳐 줄 수 있어요.

되물어 주기

상대방이 하는 말을 되묻는 것도 좋아요. 상대방의 이야기를 잘 듣고 있다는 것을 보여 주는 좋은 방법이죠.

▷ 상대방이 '어제 떡볶이를 먹었는데 엄청 매웠어.'라고 말한다면 '그렇게 매웠어?'라고 되물어 볼 수 있어요.

★ 오늘 대화를 나눈 상대와 그 내용에 대해 기억나는 대로 적어 봅시다.

대화 상대	대화 내용

내 말만 하지 않고 잘 듣기

다음 날, 학교에 간 주동희는 허진수를 보자마자 말이 불쑥 나왔다.

"허진수! 문구…."

신기 문구점이 문을 여는 것이 맞다, 어제 가서 확인했는데 지금은 준비 중이고, 이틀 후에 문을 연다는 말을 하려고 했다. 그러나 주동희는 얼른 제 입을 틀어막았다.

"읍!"

'말하면 안 돼!'

호야 님이 낸 첫 번째 미션, '내 말만 하지 않고 잘 듣기'를 수행해야 하기 때문이다. 주동희는 말 대신 손을 흔들며 아니라는 시늉을 했다. 그러자 허진수가 의아한 표정으로 물었다.

'큰일 날 뻔했네.'

주동희는 안도의 한숨을 쉬었다. 시작하자마자 미션을 실패할 뻔했으니 말이다.

교실에서는 아이들이 삼삼오오 모여서 수다를 떨고 있었다. 주동희는 아이들 사이에 끼고 싶은 것을 꾹 참았다. 그런데 가만히 있으려니 아이들의 말소리가 사방에서 들려왔다.

주동희는 입이 근질근질해서 견딜 수가 없었다. 당장이라도 아이들 사이에 끼어들어 한바탕 말을 하고 싶었다. 하지만 꾹 참았다.

이민아가 대답하자, 아이들이 재미있다는 듯 박수를 쳤다.

"오, 맞네. 다이, 아몬드. 하하하."

말하고 싶은 걸 참고 있으려니 주동희는 몸이 배배 꼬이기 시작했다.

'으, 힘들다.'

호야 님에게 처음 미션을 들었을 때는 쉽게 할 수 있을 줄 알 았다. 그런데 말하고 싶은 것을 참고 있는 것이 이렇게 힘들 줄 이야. 그때 짝꿍인 김은희가 핀잔을 줬다.

"왜 그래, 정신 사납게. 오줌이 마려우면 화장실을 가."

주동희가 계속 몸을 배배 꼬자, 오줌이 마려워 그러는 줄 안 것이다. 주동희는 그게 아니라고 손을 저었다. 김은희는 왜 이러는지 이해할 수 없다는 표정을 짓더니, 고개를 돌렸다. 이제 김은희의 눈치가 보여 몸도 못 움직이게 생겼다. 그런데 다음 순간, 주동희는 좋은 아이디어가 생각났다.

'아, 귀를 막으면 되겠네.'

귀를 막고 안 들으면 말하고 싶은 생각도 줄어들지 않겠는가. 주동희는 휴지를 찢어 돌돌 말아 양쪽 귀에 꽂았다. 갑자기 세상이 조용해졌다. 말소리가 들리지 않으니 말하고 싶은 마음도 훨씬 줄어들었다.

주동희는 그때부터 쉬는 시간마다 휴지로 귀를 막고 있었다. 그런데 점심시간이 끝날 때쯤이 되자, 문득 서운한 마음이 들었다.

'내가 말을 안 하는데 아무도 관심이 없어…'

순간 외톨이가 된 기분이 들었지만 이내 마음을 굳게 먹었다.

'조금만 더 버티면 돼.'

주동희는 수업이 끝나기만을 기다렸다. 그리고 수업이 끝나기 무섭게 문구점으로 달려갔다. 다행히 문이 열려 있었다. 주동희는 부리나케 뛰어 들어가며 소리쳤다.

그동안 말하고 싶은 걸 꾹 참고 있어서 그런가, 주동희의 입에서는 순식간에 말이 봇물 쏟아지듯 터져 나왔다. 그사이, 주동희 뒤의 벽면 거울에는 주동희의 하루가 영화 필름처럼 흘러갔다. 그것을 본 호야 님은 주동희를 뚫어지게 쳐다보며 물었다.

말 안 하려고 안간힘을 쓰다 보니, 잘 들어야 한다는 것을 잊어버린 것이다. 주동희가 인정하자, 호야 님은 표정을 부드럽게 펴며 설명했다.

"잘 듣는 방법을 모르는구나. 자, 그럼 알려 줄게. 첫째, 말하는 사람을 바라보는 거야. 지금 네가 나를 바라보고 있는 것처럼. 둘째, 딴생각을 하지 않는 거야. 무슨 말을 할까, 어떻게 웃길까, 그런 생각하지 말고. 셋째, 말을 귀 기울여 듣는 거야. 친구가 무슨 이야기를 하는지 잘 듣는 거지."

주동희는 고개를 끄덕이며 대답했다.

"네, 내일 다시 해 볼게요."

다음 날, 주동희는 친구들 사이에 끼어 있었지만, 말하고 싶은 것을 꾹 참았다. 그리고 호야 님이 가르쳐 준 방법대로 친구들의 이야기에 귀를 기울였다.

주동희는 이영훈과 김은희가 강아지를 키우는지, 또 이름이 예삐와 까망이인 줄 이제야 알았다. 주동희는 자신이 그동안 아이들의 이야기를 얼마나 대강 들었으면 그걸 몰랐을까 하는 생각이 들었다. 또 이민아가 어제 넘어져서 다쳤다는 사실, 허진수 아버지가 출장에서 돌아오셨다는 사실도 알게 되었다. 그리고 아이들의 이야기를 집중해서 듣다 보니 재미가 있어서 말하고 싶은 마음도 줄어드는 것이었다. 어제는 말을 하고 싶어서 입이 근질근질하고, 온몸이 배배 꼬이기까지 했는데 말이다. 그런데 허진수가 물었다.

"주동희, 너 왜 아무 말도 안 해? 어제도 그러더니."

그러자 이민아도 의아한 표정으로 물었다.

"그러니까. 끼어들지도 않고?"

하지만 주동희는 별일 아니라는 듯 그냥 웃기만 했다. 아직은 말하면 안 되기 때문이다. 그리고 자신에게 보내는 아이들의 관심에 어제의 서운했던 마음이 눈 녹듯이 사라졌다.

방과 후, 주동희는 쏜살같이 문구점으로 뛰어갔다. 미션에 성공했다고 자신했기 때문이다. 하지만 호야 님은 고개를 저었다.

주동희는 이제야 첫 번째 미션을 완전히 이해하게 되었다. 계속 미션에 실패해서 실망했지만, 포기하고 싶지는 않았다.

"알았어요. 내일 다시 해 볼게요."

호야 님이 주동희의 어깨를 두드리며 격려했다.

"꼭 성공하길 빌어. 그리고 내일 문구점 문 여니까 친구들 데리고 와."

호야 님의 말에 주동희는 표정이 밝아지며 대답했다.

"네, 꼭 데리고 올게요."

신기 문구점이 문을 열 거라고 했던 자신의 말이 거짓말이 아니었음을 증명할 수 있게 되었으니 기분이 좋아진 것이다.

다음 날, 주동희는 등굣길에 이영훈을 만났다. 주동희는 어제 이영훈이 강아지 이야기를 했던 것이 생각났다.

주동희는 쑥스러운 듯 웃었지만, 속으로는 쾌재를 불렀다.

'첫 번째 미션, 성공! 성공이다!'

호야 님이 가르쳐 준 대로 했더니, '자신의 말만 하지 않고 잘 들어 준다'는 말을 들은 것이다.

잠시 후, 학교에 도착한 주동희는 아이들에게 문구점 개업 소식을 전했다.

"내가 지난번에 신기 문구점 다시 문 연다고 했잖아. 오늘 진짜 문 열 거야. 이따 같이 가 볼래?"

주동희의 제안에 김은희는 시큰둥한 표정으로 말했다.

"글쎄. 갔다가 허탕만 치는 건 아닌지 몰라."

아직 주동희의 말을 믿지 않는 것이다. 그런데 그때, 이영훈이 끼어들었다.

"사람 말을 왜 그렇게 못 믿냐. 주동희가 우스갯소리는 해도 거짓말은 안 한다."

이영훈이 주동희의 편을 들어 주다니! 처음 있는 일이다. 주동희가 놀라 쳐다보자, 이영훈은 눈을 찡긋했다. 순간, 주동희는 이영훈과 마음이 통했다는 느낌이 들었다. 그러고는 호야 님이 했던 말이 떠올랐다.

'상대방의 말은 듣지 않고 내 말만 하면 그건 진짜 대화가 아니야.'

주동희는 등굣길에 이영훈과 나눈 대화가 진짜 대화라는 것을, 진짜 대화를 하면 서로의 마음이 통한다는 것을 깨달았다. 이영훈의 말에 주동희를 의심하던 아이들은 입을 다물었다.

주동희는 자기를 믿고, 편을 들어 주는 친구가 생겨서 참으로 기뻤다. 그리고 방과 후, 친구들과 함께 문구점으로 갔다. 주동희의 말대로 문구점 문이 활짝 열려 있자, 허진수가 반기며 말했다.
"진짜 문 열었네!"

주동희가 얼른 친구들에게 호야 님을 소개했다.
"이분이 호야 님이셔."
"안녕하세요?"
허진수와 이영훈이 고개 숙여 인사하자, 호야 님은 생각했다.

아이들이 많이 찾아오면, 기쁨의 눈물을 흘릴 아이도 금방 찾게 될 테니 말이다. 아이들은 새롭게 꾸며진 문구점을 구경했다. 허진수와 이영훈은 앞으로 자주 오겠다는 말을 남기고 먼저 돌아갔다. 호야 님은 주동희에게 작은 상자를 내밀었다.

말하기 비법 ❸

대화하고 싶은 사람이 되기

앞에서 살펴본 것처럼 대화는 상대방과 이야기를 주고받는 거예요. 그런데 대화를 하다 보면 '이 사람과 대화하고 싶지 않다'라고 생각이 들게 하는 사람들이 있어요. 그런 사람들은 이런 특징을 갖고 있죠.

자기 할 말만 하는 사람

대화를 할 때, 상대방이 말을 하고 있는데도 자신이 다음에 할 말을 생각하고 있는 사람들이 있어요. 상대방의 이야기는 중요하게 여기지 않고 내가 말하는 것만 신경 쓰는 사람이죠. 이때, 상대방은 그 사람이 내 이야기에 집중하지 않는다는 것을 느낄 수 있어요. 집중하지 않는 눈빛, 내가 한 말과 상관없는 말을 하는 것을 통해서 말이죠. 듣기가 없는 말하기는 대화가 아니라는 것, 이제는 잘 알고 있죠?

예시

Ⓐ : 백화점에 사람이 너무 많은 거야. 그래서 그냥 ○○떡볶이를 먹으러 갔다니까? 내가 떡볶이를 좋아하거든.

Ⓑ : 정말? 너도 떡볶이 좋아해? 나도 떡볶….

Ⓐ : (말을 끊으며) 대체 사람이 왜 그렇게 많은지. 사실 그날은 피자가 먹고 싶었는데 말이야.

Ⓑ : …….

부정적인 단어를 쓰며 말하는 사람

대화를 할 때, 욕설이나 비속어를 사용하면 당연히 상대방은 불쾌감을 느껴요. 그런데 욕설이나 비속어를 쓰지 않고도 불쾌감을 주는 사람들이 있어요. 바로 부정적인 표현을 많이 사용하는 사람들이죠. '망했어', '안 될 거야', '네가 그렇지 뭐'와 같이 부정적인 표현은 상대방으로 하여금 함께 대화하기 싫다는 생각이 들게 만들어요.

> **예시**
> Ⓐ : 〈수학익힘〉을 푸는데 나는 쪽수를 잘못 푼 거 있지?
> Ⓑ : 네가 그렇지 뭐. 넌 맨날 그러더라?
> Ⓐ : …….

★ 긍정적인 표현으로 말하기

대화를 하고 나서 기분이 좋아지는 사람들이 있어요. 그 사람들은 모두 '긍정적인 표현'을 사용해서 말을 예쁘게 한다는 공통점이 있죠. 대화를 할 때 기분을 좋게 만드는 사람들은 상대방의 기분을 배려하여 같은 의미를 가진 말이라도 표현을 부드럽게 해요. 모둠원들과 종이컵 높이 쌓기 활동을 할 때, "또 넘어졌어. 해 봤자 소용없어. 안 할래!"라고 말하는 사람과 "이번에는 10층까지 쌓았어! 다음번엔 11층까지 쌓을 수 있을 거야."라고 이야기하는 사람 중 누구와 대화하고 싶을까요?

★ 함께 대화하고 싶은 사람이 되도록 만드는 '긍정적인 말'을 찾아 동그라미 표시해 봅시다.

우리 안 될 거야.	너 때문이야.
망했어.	고마워.
괜찮아.	파이팅!
안 할래.	귀찮아.
힘내자!	재미있겠다.
잘했어!	나는 못 해.
그것밖에 못 해?	해 보자!

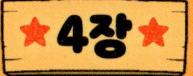

마음이 보이는 요술 돋보기

다음 날이었다. 수업이 끝나고 4학년 1반 남자아이들이 두 팀으로 나눠 축구를 할 때였다. 주동희의 눈에 번쩍 띄는 사람이 있었으니, 바로 반장인 강현아였다.

어? 현아다!

주동희는 가슴이 콩닥콩닥 뛰었다. 강현아를 좋아하고 있기 때문이다. 남자아이들이 축구를 할 때면 가끔 여자아이들이 구경을 오는데, 오늘은 강현아도 온 것이다. 주동희는 결심했다.

"이기자. 꼭 이겨야겠어."

주동희는 축구를 꽤 잘하는 편이다. 그러니 멋지게 승리하는 모습을 보여 주면, 강현아도 자신에게 관심을 갖지 않을까 생각한 것이다. 문제는 현재 1 대 1 동점에 남은 시간이 2분 정도밖에 없다는 사실. 그런데 이게 웬 행운인가. 때마침 공이 주동희 앞으로 날아오는 것이었다. 주동희는 재빨리 공을 잡고 달렸다.

'강현아가 보고 있겠지?'

이런 생각을 하니, 기운도 나고 발도 더 빨라지는 것 같았다. 주동희는 달려드는 상대편 수비수를 요리조리 제치며 쏜살같이 공을 몰고 갔다. 그리고 마침내 골문 앞에 거의 왔는데…. 인기훈이 갑자기 앞을 딱 가로막는 것이 아닌가. 주동희는 발로 공을 이리저리 튀기며 인기훈을 따돌려 보려고 했다. 그러나 악착같이 따라붙는 인기훈.

욕심 같아서는 직접 골인을 시키고 싶은 마음이었지만, 여의치가 않았다. 그런데 그때, 허진수가 자신을 가리키며 소리쳤다.

"주동희, 여기, 여기!"

자신에게 패스하라는 소리다. 허진수 주변을 보니, 수비수들도 없었다. 아쉽지만 패스를 할 수밖에 없는 상황.

'그래, 지는 것보단 낫지.'

강현아 앞에서 지는 것보다는 누가 골을 넣든 이기는 것이 나을 거라고 생각한 것이다. 주동희는 허진수에게 패스했고, 공은 허진수 앞에 정확하게 떨어졌다. 그런데 갑자기 허진수가 헛발질을 하는 게 아닌가.

허진수가 당황하며 굴러가는 공을 따라가는데, 그때였다. 어느새 달려간 인기훈이 공을 싹 낚아채는 것이었다. 그러고는 재빨리 주동희네 골대를 향해 뛰어가는데,

"와!"

인기훈의 활약에 구경하고 있던 여자아이들이 환호성을 질렀다. 4학년 최고의 인기남이 공을 빼앗았으니 좋아라 하는 것이다.

주동희는 인기훈을 뒤쫓으며 허진수에게 화를 냈다. 공을 바로 코앞에 보내 줬는데도 빼앗겨 버렸으니 화가 날 수밖에. 게다가 이제 남은 시간은 1분. 인기훈이 골을 넣으면 그대로 경기에

서 지게 될 상황이다. 아니나 다를까 인기훈은 수비수들을 제치고 골대로 돌진하고 있었다.

"인기훈, 인기훈!"

여자아이들이 더 큰 소리로 인기훈을 응원했다. 주동희는 다른 아이들과 함께 열심히 인기훈의 이름을 외치고 있는 강현아를 보았다. 활짝 웃고 있는 강현아를 보니, 주동희는 다리의 힘이 쏙 풀렸다. 그리고 다음 순간, 인기훈이 골대를 향해 뻥! 공은 그대로 날아가 골대에 정확하게 꽂혔다.

"골인, 골인! 와!"

여자아이들이 일어나 방방 뛰며 좋아했다. 강현아 역시 누구보다 기뻐하는 모습이었다. 인기훈 팀의 아이들도 서로를 얼싸안으며 승리를 자축했다.

여자아이들이 인기훈의 별명을 부르며 환호하자, 아이들을 향해 손을 번쩍 들더니 씩 웃는 인기훈. 멋진 건 혼자 다 한다.

"캭!"

여자아이들이 비명을 질렀다. 인기훈은 말도 잘하지만, 여자아이들이 좋아하는 행동을 잘한다. 그러니 4학년 최고의 인기남이겠지. 게다가 강현아까지 인기훈을 응원하는 모습을 보니, 주동희는 너무 속이 상했다.

허진수는 축구 실력이 좋지 못하다. 그러나 주동희가 너무 대놓고 화를 내니, 허진수는 무안해 얼굴이 빨개졌다. 미안하다고 사과는 했지만 허진수는 주동희의 말에 상처를 받았다. 축구 좀 졌다고 이렇게 무안을 줄 일인가 생각했다. 하지만 주동희는 다 된 밥에 코 빠뜨린 허진수에게 화가 난 나머지 허진수의 마음을 알아차리지 못했다.

다음 날 학교에 가는데, 주동희는 앞에 가고 있는 허진수가 보여 반가운 마음에 허진수를 불렀다. 그런데 허진수는 뒤돌아보더니, 대답도 없이 쌩하니 가 버리는 것이 아닌가.

"허진수!"

주동희가 다시 불렀지만, 허진수는 멈추지 않았다. 주동희는 어제의 일이 생각났다. 그래서 허진수를 쫓으며 재빨리 뛰어갔다.

어제는 미안하다고 하더니, 허진수는 왜 갑자기 골이 난 것일까. 주동희는 지난번에 허진수가 자신을 따돌리고 아이들과 게임을 하러 갔던 일이 생각나 기분이 더 나빠졌다. 그래서 허진수가 미안하다고 말하기 전까지는 절대 먼저 말을 붙이지 않기로 결심했다.

그런데 교실에서도 허진수는 주동희를 계속 피하는 것이었다. 눈이 마주쳐도 고개를 돌려 버리고, 아이들과 이야기를 나누다가도 주동희가 가기만 하면 자리를 피했다. 너무 대놓고 삐친 티를 내니, 주동희는 약이 올랐다.

주동희는 어떻게든 말을 해서 풀어 보려고 했다. 그러나 허진수는 냉소적인 투로 말했다.

"말하면 뭐? 네가 내 심정을 알기나 해? 아무것도 모르면서."

그러더니 휙 돌아서 가 버리는 것이 아닌가.

"됐다. 너 아니면 뭐 친구가 없을까 봐?"

주동희도 쏘아붙였다. 그러고는 둘의 우정이 이것밖에 안 되나 싶은 생각이 들었다. 허진수가 자신을 따돌리고 게임을 하러 갔을 때부터 알아봤어야 했는데, 허진수는 서로 친하지 않다고 생각하는 게 분명한데, 바보같이 혼자 절친이라고 생각하고 있었던 것은 아닐까.

'배신자.'

'맞다, 돋보기!'

주동희는 호야 님이 준 돋보기가 생각났다. 호야 님은 그냥 돋보기가 아니라, '마음이 보이는 요술 돋보기'라고 했다. 주동희는 가방 앞주머니에 넣어 둔 돋보기를 꺼냈다.

'정말일까? 정말 마음이 보일까?'

주동희는 허진수를 향해 돋보기를 대어 봤다. 돋보기라 그런지 허진수 얼굴이 크게 확대되어 보였다.

'뭐야, 그냥 돋보기…'

인 줄 알았는데, 그때였다. 갑자기 허진수의 얼굴이 확 찡그러지더니 허진수의 목소리가 들리는 것이 아닌가.

주동희는 깜짝 놀라 뒤로 자빠질 뻔했다. 옆에 앉은 김은희가 주동희의 기척에 놀라며 물었다.

"왜 그래, 주동희?"

"아, 아니야. 아무 일도 아니야."

김은희가 짜증이 난 표정으로 말했다.

"깜짝 놀랐잖아."

"미안해, 미안."

주동희는 사과하고 나서 생각했다.

'정말 허진수의 속마음이 들린 거야?'

주동희는 다시 한번 허진수를 향해 돋보기를 들었다. 그러자 다시 허진수의 얼굴이 확 커지면서 목소리가 들리는 것이었다.

주동희는 너무 놀라 입을 틀어막았다. 허진수가 마음속으로 하는 말이 분명했기 때문이다. 주동희는 주위를 둘러봤다. 다른 아이들에게도 들리나 해서였다. 하지만 아무도 신경 쓰지 않는 것을 보니, 안 들리는 게 확실하다. 주동희는 허진수의 마음속 말을 계속 들었다.

그날 화장실에서 들었을 때는 분명히 허진수도 읍내에 가겠다고 했다. 그런데 안 갔단 말인가. 게다가 수업이 끝나자마자 급하게 나갔는데… 도대체 어떻게 된 일인가. 지금 들은 허진수의 속

마음이 사실이라면, 이제껏 허진수를 오해한 것이다. 주동희는 허진수의 속마음을 알고 나니, 왜 자신에게 화가 났는지 이해됐다. 허진수는 주동희가 마음에 걸려 주동희를 빼고 게임 하러 가자는 것도 거절했는데, 주동희는 허진수가 실수한 것을 대놓고 무안을 주었으니 서운할 만도 하다는 생각이 든 것이다. 그리고 말을 할 때는 듣는 사람의 상황이나 기분을 생각하고 말해야 한다는 걸 깨달았다. 주동희는 허진수에게 사과하기로 결심했다. 그런데 막상 어떻게 말해야 할지 어려웠다.

'뭐라고 말하지? 아, 호야 님한테 여쭤봐야겠다!'

주동희는 학교가 끝나자마자 신기 문구점으로 뛰어갔다. 그런데 호야 님은 주동희를 보자마자 물었다.

호야 님이 보통 사람 같지 않다는 생각은 했지만, 자신에게 일어난 일을 다 알아맞히고, 앞으로 일어날 일까지 알아맞히니 주동희는 거듭 호야 님이 이상하다는 생각이 들었다. 그리고 어떻게 이런 신기한 물건까지 갖고 있는지 이유가 궁금해졌다. 주동희가 계속 끈질기게 묻자, 호야 님은 잠시 고민했다.

　호야 님이 자신의 정체를 밝히기를 꺼리는 것 같아 말을 돌린 주동희. 남이 말하고 싶어 하지 않는 것을 자꾸 캐묻는 것도 실례라는 생각이 들었기 때문이다. 그런데 주동희의 말에 호야 님은 당황했다.

　"호, 호랑이?"

　주동희가 설명했다.

　"네. 저희 할머니가 얘기해 주셨거든요. 옛날에는 범우산에 호랑이가 많았대요. 그리고 그중에는 인간으로 둔갑해 요술을 부리는 호랑이도 있었다고요."

　주동희의 말에 호야 님은 슬쩍 질문을 던졌다.

　"그런데 왜 호랑이만 아니면 되는데?"

　"무섭잖아요. 인간으로 둔갑해서 저를 잡아먹으면 어떡해요. ㅇㅇㅇ."

몸까지 부르르 떠는 주동희의 반응에 호야 님은 자신의 정체를 밝히지 않기로 했다. 자신이 진짜 호랑이라는 것을 알게 되면 도망쳐 버릴 것이 분명하기 때문이다. 그러면 천신의 명을 달성할 수 없게 되고, 범우산 산신도 될 수 없게 될 테니 말이다. 호야 님은 얼른 말을 돌렸다.

나 메시지

다른 사람과 대화를 할 때, '나'를 주인공으로 하는지, '너'를 주인공으로 이야기하는지에 따라서 표현 방법이 달라져요. 사람들은 이것을 '나 메시지'와 '너 메시지'라고 이야기해요. 나 메시지와 너 메시지는 대화에 큰 영향을 줘요. 어떤 방법을 사용해서 말하는 게 좋을까요?

★ **너 메시지**

너 메시지는 다른 사람과 대화를 할 때 '너'라는 단어를 사용해서 상대방의 말과 생각이나 행동을 평가하고 비판하는 방법이에요. 예를 들어 '너 때문에 공부에 집중할 수가 없어', '너는 대체 왜 그러니?'와 같은 식으로 말하는 거죠.

너 메시지는 상대방을 공격하는 느낌을 주는 대화 방법이에요. 상대방은 공격을 받았다고 생각하면 기분이 나빠져 또다시 공격적인 말을 하게 되죠. 서로가 서로에게 상처를 주는 대화 방법이라고 할 수 있어요.

> **너 메시지** 친구가 약속에 늦은 경우
>
> Ⓐ : 야! **너** 때문에 영화 시간에 늦을 뻔했잖아. **너**는 맨날 그러더라?
>
> Ⓑ : 야, 내가 늦고 싶어서 늦었어? **너**도 저번에 늦었잖아!

⭐ 나 메시지

나 메시지는 다른 사람과 대화를 할 때 '나'라는 단어를 사용해서 말하는 방법이에요. 말을 할 때 내가 주인공이 되기 때문에 내 기분이나 생각을 이야기하게 되죠. 예를 들어 '내일 시험이라서 공부에 집중하고 싶은데 그럴 수 없어서 걱정이 돼', '네가 그런 말을 해서 나는 당황스러웠어'와 같은 식으로 말하는 거죠.

>  **친구가 약속에 늦은 경우**
>
> Ⓐ : ○○야, 왔어? 기다려도 안 오길래 **나는** 영화 시간에 늦을까 봐 조마조마했어.
>
> Ⓑ : **나** 때문에 영화 시간에 늦었지? 미안해!

나 메시지는 상대방에 대해 이야기하는 것이 아니기 때문에 비난하거나 공격하지 않는 표현 방법이에요. 덕분에 대화를 부드럽게 이어 나갈 수 있죠.

★ 주어진 상황에서 사용된 너 메시지를 나 메시지로 바꾸어 적어 봅시다.

상황	너 메시지	나 메시지
동생이 내가 아끼는 연필을 실수로 잃어버렸을 때	너 때문이야! 책임져!	[예시] 아끼던 연필이 없어져서 지금 나는 엄청 속상해.
친구가 약속 시간에 늦었을 때	너 때문에 영화 시간에 늦었잖아!	
엄마가 내 말을 들어 주지 않아 속상할 때	엄마 때문에 너무 짜증 나!	
친구와 싸웠는데 화해하고 싶을 때	네가 잘못한 거잖아!	
친구의 부탁을 거절하고 싶을 때	너는 손이 없어?	

어려운 고백

주동희는 호야 님과 대화를 마치고 곧바로 허진수네 집으로 갔다. 동네 놀이터에서 기다리고 있던 주동희를 보자, 허진수는 시큰둥한 표정으로 물었다.

"웬일이냐?"

아직 화가 안 풀린 것이다. 주동희는 사과부터 했다.

"알아. 이해해."

주동희는 허진수의 진심이 느껴졌다. 그리고 그동안 허진수에게 서운했던 감정들이 사르르 녹아 사라져 버렸다. 그런데 궁금한 점은 또 있었다.

"그런데 왜 너는 안 갔어? 그날 일찍 나갔잖아."

그러자 허진수가 당연하다는 투로 말했다.

"처음에는 가려고 했는데, 아무리 생각해도 너한테 미안하더라고. 그래서 애들한테는 집에 빨리 가야 해서 못 간다고 하고 바쁜 척 뛰어나간 거야."

주동희는 감동했다. 허진수가 이렇게 자신을 생각해 주는지 처음 알았기 때문이다. 주동희는 자신의 마음을 '나 메시지'로 전달했다.

허진수가 겸연쩍은 표정으로 말했다. 서로의 속마음을 솔직하게 털어놓고 이야기하고 나니, 주동희는 허진수와의 우정이 한층 더 단단해진 느낌이 들었다. 그리고 호야 님이 내준 두 번째 미션 '나 메시지'로 말하기를 멋지게 성공했다는 것을 깨달았다.

'아싸, 미션 성공!'

친구에게 사과도 하고, 미션도 성공하고, 이런 것이 바로 꿩 먹고 알 먹기가 아니겠는가. 그때, 허진수가 의아한 표정으로 물었다.

"그런데 어제 축구는 왜 그렇게 이기고 싶었어? 너 원래 그렇게 열심히 안 하잖아."

그렇다. 주동희가 축구를 좋아하고 잘하는 것은 사실이지만, 그렇다고 이기는 것에 목숨 거는 스타일은 아니다. 주동희는 솔직하게 털어놓았다.

그때… 마침 현아가 있어서….

아, 현아! 주동희의 첫사랑? 히히히.

허진수가 부추겼지만, 주동희는 강현아가 인기훈에게 환호하던 모습이 떠올랐다. 주동희가 실망한 표정으로 말했다.

"강현아는 따로 좋아하는 사람이 있는 것 같아."

"정말? 누구?"

허진수가 호기심 어린 눈으로 물었다.

"인기훈. 어제도 엄청 열심히 응원하더라고."

주동희의 말에 허진수가 자신의 의견을 말했다.

"에이, 그거야 인기훈이 골을 넣었으니까 그렇지. 다른 애들보다 응원했잖아."

"그런가."

허진수의 말을 들으니, 그런 것 같기도 하다. 허진수가 다시 부추겼다.

주동희와 허진수는 곧바로 신기 문구점으로 갔다. 함께 온 둘을 보고 호야 님은 뿌듯한 표정을 지으며 주동희에게 슬쩍 말했다.

주동희도 속삭이며 대답했다. 허진수한테는 비밀이기 때문이다. 그리고 다시 온 이유를 설명하자, 호야 님은 큰 관심을 보이며 말했다.

"고백? 멋지다, 해 봐."

그러더니 눈을 반짝이며 호야 님이 물었다.

"현아가 네 고백을 받아 주면 어떨 것 같은데?"

주동희는 잠시 생각하더니, 흐뭇한 표정을 지으며 말했다.

"너무 기뻐서 눈물이 나올 것 같아요."

순간, 호야 님은 쾌재를 불렀다.

'야호, 됐다!'

인간에게 기쁨의 눈물을 흘리게 하라는 천신의 명을 처음으로 달성할 기회가 온 것이다. 호야 님은 반색하며 말했다.

"잠깐만!"

주동희는 그동안 모아 두었던 용돈으로 고백 선물을 샀다. 강현아는 과연 주동희의 고백을 받아 줄까? 주동희는 벌써부터 가슴이 두근두근 뛰었다.

"왜 이렇게 안 오지?"

호야 님은 주동희가 오기만을 손꼽아 기다렸다. 고백에 성공하면 기쁨의 눈물을 흘릴 거라고 이야기했기 때문이다.

그런데 잠시 후 나타난 주동희는 전혀 다른 모습이었다. 어깨를 축 늘어뜨리고 터벅터벅 걸어오는 모습이 딱 실연당한 모습이었기 때문이다.

호야 님은 크게 실망했다. 천신의 명을 달성할 절호의 기회를 놓쳐 버렸기 때문이다. 그런데 가까이 온 주동희의 눈에 눈물이 그렁그렁한 것이 아닌가! 호야 님이 반기며 물었다.

"성공한 거야?"

강현아가 고백을 받아 줘서 기쁨의 눈물을 흘리고 있다고 생각한 것이다. 하지만 주동희는 울음을 터뜨리며 말했다.

이런! 기쁨의 눈물이 아니라, 슬픔의 눈물이었던 것이다. 속상해서 우는 주동희를 보니, 호야 님은 안쓰러운 마음이 들었다.

"제가 너무 바보 같아요. 흑흑흑."

주동희의 말에 호야 님은 주동희의 등을 토닥이며 말했다.

"들어가서 유자차 한잔 마시자. 기분이 좀 나아질 거야."

주동희는 순순히 거울 앞 의자에 앉았다. 호야 님은 주동희가 유자차를 마시는 동안 거울로 학교에서 있었던 일을 보았다.

학교에 도착하자마자 주동희는 강현아에게 고백할 기회를 찾느라 계속 강현아 주위를 얼쩡거렸다. 그러다 점심시간, 강현아가 운동장에서 혼자 그네를 타고 있는 것을 보았다.

'지금이야!'

주동희는 잽싸게 강현아에게 가서 말을 붙였다.

주동희는 주위를 둘러봤다. 그네 주변은 탁 트여 있는 곳이라 고백을 하기에 적당한 장소가 아니었다. 다른 아이들이 볼 수도 있으니 말이다. 주동희는 등나무 아래 벤치를 가리키며 말했다.

주동희는 어렵게 말을 꺼냈다. 그런데 막상 고백을 하려고 하니, 갑자기 심장이 벌렁벌렁 뛰고 머리가 하얘지는 것이 아닌가.

'뭐라고 말해야 되지?'

어디서부터 어떻게 말을 해야 할지, 머리가 뒤죽박죽 혼란스러웠다.

"그, 그게 내가 할 말은…."

주동희가 버벅거리자, 강현아는 짜증이 나는 듯 눈썹을 찡그렸다. 강현아의 반응을 보니, 주동희는 얼굴이 빨개지고 식은땀이 줄줄 흘렀다. 그래서 당황한 나머지 생각나는 대로 주절거리기 시작했다.

도대체 무슨 말을 하고 있는 것인지. 강현아가 표정이 굳어지며 대답했다.

"나는 아직 신기 문구점 안 가 봤어."

"그, 그랬구나. 내가 할 말은 그게 아니라…."

그런데 바로 그때였다. 띠리리리 띠리리리리. 점심시간이 끝났음을 알리는 음악 소리가 들렸다. 강현아가 반기며 말했다.

"수업 시작하겠다. 중요한 얘기 아니면 다음에 하자."

"어, 그, 그래. 그러지 뭐."

주동희가 대답하자, 강현아는 쌩하니 들어가 버렸다. 그리고 그때, 등나무 뒤쪽에서 허진수가 튀어나오며 말했다.

결국 고백은 시작도 못 하고, 쓸데없는 말만 하고 끝나고 말았던 것이다. 그 사실을 지켜본 호야 님은 주동희에게 물었다.

"왜 네가 바보 같다는 생각이 들었어?"

"쓸데없는 말은 많이 하고 잘하면서, 해야 할 말, 중요한 말은 못 하잖아요."

주동희가 의기소침해 말했다.

주동희는 호야 님의 설명을 되뇌며 기억했다.

"심호흡하고, 난 할 수 있다고 말해 준다!"

"열심히 연습해 봐. 세 번째 미션을 성공하면, 진짜 청산유수로 말 잘하는 사람이 될 테니까."

그렇게만 된다면 강현아에게도 멋지게 고백할 수 있지 않을까? 그런데 다음 순간, 주동희는 강현아 앞에서 자신이 했던 말들이 생각났다.

"아, 그런데 강현아한테 고백하는 건 이미 끝났어요."

주동희가 괴로운 표정으로 말하자, 호야 님이 물었다.

"왜? 다시 하면 되잖아."

메라비언의 법칙

　미국 캘리포니아 대학교의 앨버트 메라비언(Albert Mehrabian, 1939~) 교수는 효과적인 소통에 영향을 주는 요소들을 연구했어요. 그 결과 말을 하는 사람의 목소리는 38%, 몸동작과 태도는 55%의 영향을 미치는 반면, 말하는 내용은 겨우 7%만 영향을 미친다는 것을 확인했어요.

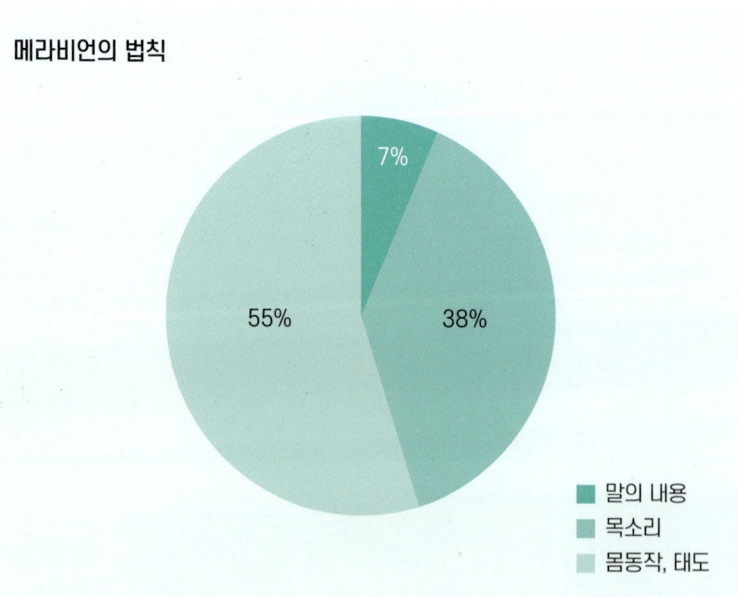

　즉, 사람들이 말하는 내용보다 말투나 목소리의 음색, 표정과 손짓, 몸짓 등이 중요하다는 거예요. 다른 사람과 대화를 할 때도 이 메라비언의 법칙을 활용할 수 있어요. 그러니 대화할 때나 발표할 때 표정, 몸짓, 말투 등에 신경 써 보세요.

★ 대화할 때 메라비언의 법칙 활용하기

38%를 차지하는 목소리	• 목소리는 또렷하게 내요. • 말의 끝을 흐리지 않아요. • 상대방이 들을 수 있을 만큼 큰 목소리로 말해요.
55%를 차지하는 몸동작과 태도	• 상대방을 향해 몸을 돌린 채 말해요. • 휴대 전화를 보며 말하지 않아요. • 손짓과 동작을 섞어서 말해요.

★ 전하고 싶은 말과 어울리는 몸짓 그리고 말투를 골라 봅시다.

전하고 싶은 말	표정이나 몸짓	말투
축하해! •	• 어깨를 토닥인다. •	• 걱정스러운 말투
정말? 말도 안 돼! •	• 손으로 입을 가린다. •	• 신나는 말투
괜찮아. 금방 나을 거야. •	• 기쁜 표정으로 박수를 친다. •	• 놀라는 말투

★ 내가 자주 표현하는 감정 알아보기

　휴대 전화로 의사소통을 할 경우 내가 전하고 싶은 내용이 잘 전달되지 않을 수 있어요. 전화 통화는 표정이나 몸짓이 보이지 않고, 문자 메시지는 표정이나 몸짓, 말투도 보이지 않아요. 그래서 내가 하고 싶은 말을 전달하기 힘들 수 있죠. 또는 전하고 싶은 말이 잘못 전달되어 오해가 생길 수도 있어요. 이런 문자 메시지의 단점을 보완하기 위해 사람들은 표정이나 감정을 나타낼 수 있는 이모티콘을 사용하기도 해요.

　아래 표에 내가 자주 표현하는 감정과 이모티콘을 그려 봅시다.

내가 자주 표현하는 감정	이모티콘 모양

6장

말 잘하는 주동희

강현아는 전혀 기억하지 못하는 표정이었다. '지우고 싶은 말 지우개'가 요술을 부려 주동희가 지우고 싶은 말을 싹 지워 버린 것이다. 주동희는 안도의 한숨을 쉬며 둘러댔다.

"아, 미안. 내가 헷갈렸나 봐."

'됐다!'

이제 새로 시작할 수 있게 된 것이다. 주동희는 호야 님이 가르쳐 준 청산유수 대화술 세 번째 미션을 성공하기 위해 열심히 연습하기로 결심했다. 말만 많은 주둥이가 아닌, 진짜 말 잘하는 수농희가 될 때까지 말이다. 그리고 그때가 되면 다시 강현아에게 멋진 말로 고백하기로 마음먹었다.

그런데 며칠 후, 반에서 뜻밖의 사건이 발생했다. 인기훈이 아끼며 자랑하던 최신형 블루투스 이어폰이 없어진 것이다.

　3교시가 체육 시간이라 나가기 전에 책상 서랍에 이어폰을 넣어 두고 나갔다는 것. 그런데 지금 보니 없어졌다는 것이었다.
　인기훈의 부모님은 미국에 사업을 하러 가셨기 때문에 인기훈은 할머니 댁에서 살고 있다. 그리고 그 이어폰은 부모님이 미국에 가기 전에 마지막으로 사 준 선물이라 가장 아끼는 물건이라는 것이었다.

이민아가 한 아이를 향해 고개를 돌렸다. 모두의 시선이 이민아를 따랐다. 이민아가 지목한 아이는 바로 '고미래'였다. 모두의 시선이 쏠리자, 고미래는 당황하는 표정이 역력했다. 이민아가 날이 선 목소리로 물었다.

고미래의 별명은 '고구마'다. 소심한 성격에 말이 없고, 목소리도 작고, 뭘 물어봐도 한참을 지나야 대답하기 때문이다.

"응…."

고미래가 기어들어 가는 목소리로 대답했다. 그러자 아이들은 더 의심스러운 눈초리를 보냈다. 이민아가 콕 집어 질문했다.

"왜 늦게 나갔는데?"

고미래가 당황해 더듬거렸다.

"그냥… 그냥 늦게… 나간 거야."

"그냥이 어디 있어? 이유가 있겠지."

이민아의 말에 김은희는 직설적으로 물었다.

"맞아. 네가 기훈이 이어폰 훔쳐 간 거 아냐?"

 일련의 상황을 지켜보며 주동희는 이건 아니라는 생각이 들었다. 고미래가 범인이라는 증거도 없는데, 모두 의심하고 다그치고 있으니 말이다.

 주동희는 자신의 생각을 말하기 위해 호야 님이 가르쳐 준 청산유수 대화술 세 번째 미션을 떠올렸다. 바로 '논리적으로 말하기'다. 먼저 할 말을 미리 글로 써 봐야 하는데, 지금은 시간이 없으니까 머릿속이 노트라고 생각하고 재빨리 할 말을 정리했다. 거울 앞에서 말하는 연습은 집에서 많이 했으니까 건너뛰고, 심호흡을 크게 해서 긴장감을 떨어뜨린 다음, '난 할 수 있다'고 스스로에게 말해 주었다. 그리고 자신 있는 목소리로 나섰다.

갑작스러운 소리에 아이들이 주동희를 주목했다. 주동희는 또박또박 자신의 생각을 말했다.

"체육 시간에 늦게 나갔다는 이유만으로는 범인이라고 할 수 없지. 미래가 기훈이의 이어폰을 훔치는 걸 본 사람이 있어?"

아까는 잔뜩 의심하는 눈초리로 보더니, 분위기가 달라지자 얼른 말을 바꾸는 인기훈. 그때였다.

"왜 그래요? 무슨 일이에요?"

선생님이었다. 선생님의 출현에 아이들은 번개같이 흩어져 자기 자리로 갔다. 반장인 강현아가 있었던 일에 대해 말하자, 선생님은 따끔하게 훈계했다.

"친구를 의심부터 하는 것은 나쁜 행동이에요. 기훈이는 다른 곳에 뒀는지 한번 더 찾아보고, 혹시 가져간 사람 있으면 오늘 안으로 선생님 책상 위에 올려놓으세요."

사건은 그렇게 일단락이 되었다. 이어폰도 범인도 못 찾았지만 말이다. 그런데 주동희가 가방을 싸고 있는데, 고미래가 오더니 기어들어 가는 목소리로 말했다.

주동희의 위로에 고미래는 미소를 지으며 고개를 끄덕였다. 고미래가 가자, 허진수가 주동희의 어깨를 툭 치며 말했다.
"오, 주동희! 멋진데!"
"멋지긴."
주동희가 겸연쩍은 표정을 짓자, 허진수가 말을 이었다.

청산유수 대화술 세 번째 미션을 성공한 것이다. 호야 님의 말대로 청산유수로 말 잘하는 아이로 거듭난 것이다. 허진수가 의심의 눈초리를 보내며 물었다.

방과 후, 주동희는 신기 문구점으로 뛰어갔다. 말 잘한다는 소리를 들었으니, 호야 님에게 청산유수 대화술 마지막 미션을 성공했다고, 호야 님 덕분에 진짜 말 잘하는 아이가 되었다고 알리고 싶어서였다.

"호야 님!"

주동희는 문구점 문을 열고 뛰어 들어가며 호야 님을 불렀다. 하지만 호야 님은 보이지 않았다.

"어디 가셨지?"

그런데 그때, 안채에서 음악 소리가 들리는 것이었다.

"안에 계신가 보네."

주동희는 잠시 망설였다.

'들어가도 될까?'

안채에 한 번도 들어가 본 적이 없기 때문이다. 또 허락도 안 받고 남의 집에 함부로 들어갈 수 없으니 말이다. 주동희는 안채로 들어가는 문을 열고 다시 호야 님을 불렀다.

하지만 음악 소리가 커서 그런지, 반응이 없었다. 마냥 기다릴 수도 없고, 난감한 상황. 기쁜 소식을 전하기 위해 부리나케 달

려왔는데 말이다. 주동희는 결국 들어가 보기로 했다. 문 안으로 들어가 좁은 복도를 지나자, 커다란 마당이 나왔다. 주동희는 다시 호야 님을 불렀다.

주동희는 소스라치게 놀랐다. 호야 님의 엉덩이에 긴 호랑이 꼬리가 달려 있었기 때문이다. 주동희는 얼른 입을 틀어막았다.

'호야 님이 호랑이?'

그러자 그동안 있었던 이상한 일들이 뇌리를 스쳐 지나갔다. 자신의 마음을 꿰뚫어 보고, 있었던 일을 딱딱 맞히는 것도 이상했고, 요술 돋보기와 지우개처럼 신기한 물건을 가지고 있는 것도 이상했다. 그리고 처음 만났을 때, 호야 님이 했던 말이 떠올랐다.

'나는… 백호야.'

주동희는 이제야 깨달았다.

'이름이 아니고 자신이 백호라는 말이었어!'

범우산의 호랑이가 인간으로 둔갑해 내려온다는 할머니의 말이 사실이었던 것이다. 주동희는 온몸에 소름이 끼쳤다.
'도망가야 해.'

주동희는 버럭 소리를 지르고는 쏜살같이 도망을 쳤다. 호랑이에게 잡아먹힐까 봐 두려웠기 때문이다. 그러나 호랑이가 인간보다 빠른 건 당연한 일. 게다가 인간으로 둔갑한 호랑이가 아닌가. 호야 님은 번개같이 날아와 주동희의 앞을 가로막았다.

주동희는 호야 님이 자신을 잡아먹을까 봐 겁이 나 호야 님의 말이 전혀 들리지 않았다. 호야 님이 주동희를 달랬다.

"알았어. 안 잡아먹을 테니까 걱정하지 말고. 유자차 한잔 줄까? 마음이 좀 가라앉을 거야."

주동희가 놀란 마음을 가라앉혀야 이야기를 계속할 수 있을 것 같아서였다. 주동희는 잠시 고민하더니 눈물을 닦으며 대답했다.

"네, 주세요."

"알았어. 잠깐만 기다려."

호야 님은 대답하고는 안채로 들어갔다. 그런데 다음 순간, 주동희가 도망치는 발소리가 들렸다. 호야 님이 자리를 비운 틈을 타 도망을 친 것이다.

"다 틀려 버렸네."

호야 님은 깊은 한숨을 내쉬었다.

말하기 비법 ❻

단어는 말하기의 무기

　대화를 할 때 다양한 단어를 사용하면 대화의 수준이 높아져요. 또 상대방이 말하는 내용을 이해하는 데도 도움이 되죠. 그래서 단어는 말하기의 무기라고 할 수 있어요. 내가 알고 있는 단어의 수를 늘리기 위해서는 다양한 단어를 자주 만나 보는 것이 중요해요. 이때, 가장 좋은 방법은 책 읽기죠. 하지만 책을 읽는다고 단어의 뜻을 저절로 알게 되지는 않아요. 책을 읽다가 잘 모르는 단어는 사전에서 찾아보는 습관을 들이는 것이 도움이 돼요. 사전을 찾아 단어의 뜻을 확인해 보고 그 단어를 사용해서 문장을 말해 보는 연습을 해 보세요.

책 이름	어려운 단어	사전에서 찾은 뜻

★ 아래 문장에서 내가 모르는 단어에 밑줄을 치고 그 단어의 뜻을 찾아봅시다.

금일 오전 태풍이 북상하고 있다는 뉴스가 보도되었다. 그래서 부모님께서 글피에 해수욕장에 가기로 한 약속을 취소하셨다. 동생은 크게 낙담한 것처럼 보였다. 부모님은 대안으로 아쿠아리움에 가자고 하셨다.

내가 모르는 단어	단어의 뜻	단어로 문장 만들어 보기
예) 글피	3일 뒤를 나타내는 순우리말.	글피에 친구들과 놀이공원에 가기로 했어.

★ 주어진 단어를 넣어 문장을 완성해 봅시다.   제시어 **사흘, 탐색**

-
-

★ 의미가 통하는 다른 단어로 바꾸기

　말하기를 할 때는 듣는 사람의 수준을 생각하며 단어를 사용해야 해요. 단어를 많이 알고 있으면 듣는 사람이 이해할 수 있는 단어를 사용해 쉽게 말을 할 수 있지요. 초등학교 1학년 동생과 이야기한다고 생각하고 내가 하고 싶은 말을 쉬운 말로 바꿔 적어 봅시다.

여기 있는 종이를 **원** 모양으로 오려 봐.
▶ 여기 있는 종이를 (　　　　) 모양으로 오려 봐.

아이스크림의 **장점**과 **단점**을 이야기해 봐.
▶ 아이스크림의 (　　　　)과 (　　　　)을 이야기해 봐.

호야 님의 신기 문구점
❶ 청산유수 대화술

1판 1쇄 인쇄 | 2023. 12. 11.
1판 1쇄 발행 | 2023. 12. 27.

대화법 코칭 옥효진 | 글 고희정 | 그림 류수형

발행처 김영사 | 발행인 고세규
편집 인우리 | 디자인 홍윤정 | 마케팅 이철주 | 홍보 조은우
등록번호 제 406-2003-036호 | 등록일자 1979. 5. 17.
주소 경기도 파주시 문발로 197(우 10881)
전화 마케팅부 031-955-3100 | 편집부 031-955-3113~20 | 팩스 031-955-3111

값은 표지에 있습니다.
ISBN 978-89-349-1967-4 74810

좋은 독자가 좋은 책을 만듭니다. 김영사는 독자 여러분의 의견에 항상 귀 기울이고 있습니다.
전자우편 book@gimmyoung.com | 홈페이지 www.gimmyoungjr.com

어린이제품 안전특별법에 의한 표시사항

제품명 도서 제조년월일 2023년 12월 27일 제조사명 ㈜김영사 주소 10881 경기도 파주시 문발로 197
전화번호 031-955-3100 제조국명 대한민국 ⚠주의 책 모서리에 찍히거나 책장에 베이지 않게 조심하세요.

어린이를 위한

말하기 발전 노트

- 대화편 -

주니어김영사

1 여러 나라의 인사말

말하기의 기본은 인사예요. 우리나라에서는 인사를 할 때, 고개를 숙이며 '안녕하세요'라는 인사말을 사용하죠. 그렇다면 다른 나라에서는 인사를 할 때, 어떤 표현을 사용하는지 알아볼까요? 미리 알아 두면 다른 나라 사람을 만났을 때 먼저 말을 걸 수 있겠죠?

나라	인사말	인사할 때 행동
미국	Hello (헬로우) Hi (하이)	가볍게 손을 흔들거나 악수한다.
스페인	Hola (올라)	상대방의 오른쪽 뺨에서 왼쪽 뺨으로 교차하며 '쪽' 소리를 낸다. (베소)
이탈리아	Ciao (챠오)	상대방과 포옹하거나 볼에 뽀뽀를 한다.
중국	您好 (니 하오)	가슴 앞에서 한 손으로 다른 한 손을 쥐고 가볍게 흔든다.
일본	こんにちは (곤니찌와)	상대방과 비슷하게 허리를 굽히거나 고개를 숙인다.
태국	🧍‍♂️ สวัสดี ค฿ย (싸와디캅) 🧍‍♀️ สวัสดี ค฿ (싸와티카)	손바닥을 기도하듯 가슴 앞에 모으고 고개를 숙인다.
인도	Namaste (나마스떼)	턱 아래에 두 손을 모아 고개를 숙인다.
프랑스	Bonjour (봉쥬르)	상대방과 양쪽 볼을 번갈아 맞대며 '쪽' 소리를 낸다. (비쥬)

2 인사하기 챌린지

오늘 하루 몇 명에게 먼저 인사를 했나요? 매일매일 열 명에게 먼저 인사를 해 보는 건 어떨까요? 그리고 인사를 하며 느낀 점도 함께 적어 봅시다.

날짜	내가 먼저 인사한 사람	나에게 먼저 인사한 사람	미션을 하며 느낀 점
/			
/			
/			
/			
/			
/			
/			
/			
/			
/			
/			
/			
/			

3 대화 내용 정리하기

대화하며 상대방의 말을 얼마나 잘 들어 주었나요? 내가 오늘 다른 사람과 대화하며 들었던 내용을 정리해 봅시다.

	첫 번째 대화	두 번째 대화
누구와 대화했나요?		
어디서 대화했나요?		
무슨 이야기를 들었나요?		
말하는 사람의 감정은 어때 보였나요?		
나는 어떤 맞장구를 쳤나요?		
나는 무엇을 되물었나요?		

4 나의 단어 실력 테스트

생활 속에서 많이 사용하는 단어를 얼마나 알고 있는지 문제를 풀어 봅시다.

---

1) 하루 – 이틀 – (　　　) – (　　　) – 닷새
   힌트 1일 – 2일 – 3일 – 4일 – 5일

2) (　　　) – 어제 – 오늘 – 내일 – (　　　)
   힌트 2일 전 – 1일 전 – 오늘 – 1일 후 – 2일 후

3) 동생이 내 간식을 먹으려고 (　　　) 노리고 있다.
   ① 유유자적 ② 조삼모사 ③ 호시탐탐 ④ 언감생심

4) 엄마 아빠를 부모님, 할아버지 할머니를 (　　　)라고 한다.
   ① 조부모 ② 한부모 ③ 증조부모

5) 밑줄 친 단어의 뜻은? "드디어 다음 주에 <u>수</u>학여행을 간다!"
   ① 숫자와 공간에 대해 연구하는 학문
   ② 학문을 닦는다
   ③ 물에 관하여 연구하는 학문

6) 왼쪽 단어와 비슷한 뜻을 가진 단어를 찾아봅시다.
   금일 : ① 오늘 ② 금요일 ③ 어제 ④ 일요일
   몰두하다 : ① 사라지다 ② 집중하다 ③ 쫓아내다 ④ 모른다
   지구력 : ① 달력 ② 지구가 가진 힘 ③ 오래 버티는 힘 ④ 동그란 모양
   무료하다 : ① 나누다 ② 가격이 싸다 ③ 심심하다 ④ 무리하다

〈정답 및 해설〉

1) 사흘/나흘 2) 그제/모레 3) 호시탐탐(虎視眈眈): 호랑이가 눈을 부릅뜨고 먹이를 노려보는 것처럼 남의 것을 빼앗을 기회를 살피는 모습. 4) 조부모(祖父母): 할아버지(조부)와 할머니(조모)를 함께 이르는 말.

5) 수학(修-닦을 수, 學-배울 학): 학문을 닦는다/수학(數學): 숫자에 대해 연구하는 학문. 예) 수학 교과서

6) 금일=오늘/몰두하다=집중하다/지구력=오래 버티는 힘/무료하다=심심하다

5 나의 단어 실력 늘리기

내가 읽고 있는 책이나 교과서에서 모르는 단어가 들어 있는 문장을 적고 단어의 뜻을 찾아 적어 봅시다. 그리고 그 단어 대신 사용할 수 있는 표현을 생각하여 적어 봅시다.

모르는 단어가 있는 문장	사전에서 찾은 뜻	바꿔 쓸 수 있는 단어
예시 가게 주인은 손님들에게 심심한 사과의 말을 건넸다.	심심하다 마음의 표현 정도가 매우 깊고 간절하다.	심심한 → 깊은

6 감정을 나타내는 단어 공부하기

감정을 나타내는 말은 무척이나 많습니다. 하지만 우리가 평소에 사용하는 감정을 나타내는 단어는 몇 개 되지 않죠. 다양한 감정 표현 단어를 알고 있으면 나의 기분이나 생각을 표현하는 데 도움이 됩니다. 아래에 내가 알고 있는 감정 표현 단어를 적어 봅시다. 몇 개나 적을 수 있나요? 채우지 못한 빈칸은 감정을 나타내는 표현을 찾아 채워 넣어 봅시다.

1 즐겁다.	**11**	**21**	**31**
2 슬프다.	**12**	**22**	**32**
3	**13**	**23**	**33**
4	**14**	**24**	**34**
5	**15**	**25**	**35**
6	**16**	**26**	**36**
7	**17**	**27**	**37**
8	**18**	**28**	**38**
9	**19**	**29**	**39**
10	**20**	**30**	**40**

7 내가 느꼈던 감정 알아보기

앞에서 정리한 단어 중에서 표에 적힌 숫자의 감정 단어를 적고, 내가 그 감정을 느꼈던 경험을 적어 봅시다. 만약 그 감정을 느낀 경험이 없다면 감정과 어울리는 문장을 만들어 적어 봅시다.

번호	감정 단어	내가 감정을 느꼈던 상황
예시	조마조마하다	숙제를 다 하지 못해서 선생님께 혼날까 봐 조마조마했다.

8 친구들의 관심 주제 정리하기

다른 사람과 대화를 할 때, 무슨 말을 해야 할지 몰라 대화를 이어 가기 힘든 경우가 있어요. 이때, 그 사람이 좋아하는 주제에 대해 이야기하며 대화를 자연스럽게 이어 갈 수 있어요. 내가 관심을 가지고 있는 것, 그리고 내 주변 사람들이 관심을 가지고 있는 것들을 생각 그물로 정리해 봅시다.

나	이름:
이름:	이름:

9 우리 반 친구들과 대화하기

우리 반에 몇 명의 친구가 있나요? 그중 대화해 본 친구는 몇 명인가요? 친구들이 관심 있어 하는 것을 주제로 정하고 먼저 대화를 시작해 보는 건 어떨까요? 평소 대화해 보지 않은 친구가 무엇에 관심을 가지고 있는지 살펴보고 먼저 질문을 한번 해 봅시다.

친구의 이름	친구의 관심사	친구와 나눈 대화
예시 김주연	BTS	나: BTS 멤버 중에 누가 제일 좋아? 주연: 지민을 제일 좋아해.

 긍정적으로 말해 보기

긍정적인 말하기는 나를 대화하고 싶은 사람으로 만듭니다. 다음 상황에서 사람들에게 해 줄 수 있는 긍정적인 문장을 생각해 봅시다.

상황	해 줄 수 있는 긍정적인 말
친구가 시험 문제를 많이 틀려 실망했을 때	
부모님이 바빠서 주말에 함께할 시간이 없을 때	
모둠 활동에서 다른 팀보다 점수가 낮을 때	
모둠 협동 그림 그리기를 하는데 친구가 실수로 색칠을 잘못했을 때	
전학 온 친구가 새로운 교실을 낯설어 할 때	
선생님이 몸이 아파 보이실 때	

11 너 메시지를 나 메시지로 바꾸기

주어진 너 메시지를 나 메시지로 바꾸는 연습을 해 봅시다. 나 메시지는 내가 느낀 감정이나 생각에 대해 말하는 방법입니다. 상대방을 비난하거나 나무라지 않고 그 사람의 말이나 행동 때문에 내가 느낀 감정 또는 내가 바라는 것을 이야기해 봅시다.

예시

너 메시지 시간이 몇 시인데 이제 와? 너 때문에 늦었잖아!(상대방을 비난하는 말)
나 메시지 네가 오지 않아서(상대방의 행동)
영화 시간에 늦을까 봐 너무 초조했어.(나의 감정)
다음부터는 늦지 않았으면 좋겠어.(내가 바라는 것)

너 메시지	나 메시지
너! 일찍 일찍 다니라고 했지! 전화는 또 왜 안 받은 거야!	학교 끝나고도 연락이 안 돼서(상대방의 행동) 나는 (　　　　　).(나의 감정) (　　　　　)면 좋겠어.(내가 바라는 것)
하지 마! 너 때문에 공부에 집중이 안 돼. 너 진짜 구제 불능이구나?	네가 계속 내가 싫어하는 행동을 하면(상대방의 행동) 나는 (　　　　　).(나의 감정) (　　　　　)면 좋겠어.(내가 바라는 것)
돌아다니지 마! 왜 그렇게 정신없게 돌아다니는 거야!	네가 자꾸 돌아다녀서(상대방의 행동) 나는 (　　　　　).(나의 감정) (　　　　　)면 좋겠어.(내가 바라는 것)
(친구가 내 말을 들어 주지 않는 상황) 너 나 무시해?	네가 내 말을 들어 주지 않아서(상대방의 행동) 나는 (　　　　　).(나의 감정) (　　　　　)면 좋겠어.(내가 바라는 것)

어떤 사람과 대화하고 싶을까?

내 주변에서 나와 가장 많은 대화를 하는 사람, 대화할 때 가장 편안한 사람, 대화해 보고 싶은 사람은 누구인가요? 그리고 그 사람들은 어떤 공통점을 가지고 있나요?

누구인가요?	
어떤 주제로 대화를 하나요?	
대화할 때 상대방이 자주 쓰는 말	
자주 짓는 표정이나 행동	
대화하고 싶은 사람의 공통점을 정리해 봅시다.	

내 주변에서 대화를 나눌 때 나를 기분 나쁘게 하는 사람이나 대화하기 싫은 사람들은 어떤 특징을 갖고 있나요?

누구인가요?	
어떤 주제로 대화를 하나요?	
대화할 때 상대방이 자주 쓰는 말	
자주 짓는 표정이나 행동	
대화하고 싶지 않은 사람의 공통점을 정리해 봅시다.	

대화는 나의 생각만
전달하는 것이 아니라
상대방의 입장도
배려해야 한다는 사실을
잊지 마세요.

어린이를 위한 말하기 발전 노트는 비매품으로, 《호야 님의 신기 문구점》과 함께 제공됩니다.